CONOCE LA CIENCIA ESPACIAL

LOS PLANETAS

BERT WILBERFORCE
TRADUCIDO POR ALBERTO JIMÉNEZ

Gareth Stevens
PUBLISHING

ENCONTEXTO

Library of Congress Cataloging-in-Publication Data
Names: Wilberforce, Bert, author.
Title: Los planetas / Bert Wilberforce.
Description: New York : Gareth Stevens Publishing, [2021] | Series: Conoce la ciencia espacial | Includes bibliographical references and index. |
Contents: Our eight planets -- What is a planet? -- The rocky planets -- The gas giants -- The ice giants -- Planetary explorations -- Outside out solar system -- How far from the sun?.
Identifiers: LCCN 2019050743 | ISBN 9781538260494 (library binding) | ISBN 9781538260470 (paperback) | ISBN 9781538260487 (6 Pack) | ISBN 9781538260500 (ebook)
Subjects: LCSH: Planets--Juvenile literature.
Classification: LCC QB602 .W55 2021 | DDC 523.4--dc23
LC record available at https://lccn.loc.gov/2019050743

First Edition

Published in 2021 by
Gareth Stevens Publishing
111 East 14th Street, Suite 349
New York, NY 10003

Translator: Alberto Jiménez
Editor, Spanish: Rossana Zúñiga
Designer: Sarah Liddell
Editor: Therese Shea

Photo credits: Cover, pp. 1 (main), 9, 11, 13, 21, 23, 25 Vadim Sadovski/Shutterstock.com; background used throughout Zakharchuk/Shutterstock.com; p. 5 Peter Hermes Furian/ Shutterstock.com; p. 7 Johan Swanepoel/Shutterstock.com; p. 15 buradaki/Shutterstock.com; p. 17 Elena11/Shutterstock.com; p. 19 Sittikorn Thongkhaw/Shutterstock.com; p. 27 MPI/ Stringer/Archive Photos/Getty Images; p. 29 Universal History Archive /Contributor/Universal Images Group/Getty Images.

Printed in the United States of America

CPSIA compliance information: Batch #CS20GS: For further information contact Gareth Stevens, New York, New York at 1-800-542-2595.

CONTENIDO

Las palabras del glosario se muestran en **negrita** la primera vez que aparecen en el texto.

LOS OCHO PLANETAS

Nuestro sistema solar está formado por el Sol, ocho planetas y otros cuerpos celestes que giran alrededor de nuestra estrella. Del más cercano al Sol al más lejano, los planetas del sistema solar son: Mercurio, Venus, Tierra, Marte, Júpiter, Saturno, Urano y Neptuno.

SI QUIERES SABER MÁS

Puedes ver Mercurio, Venus, Marte, Júpiter y Saturno desde la Tierra ¡sin **telescopio**!

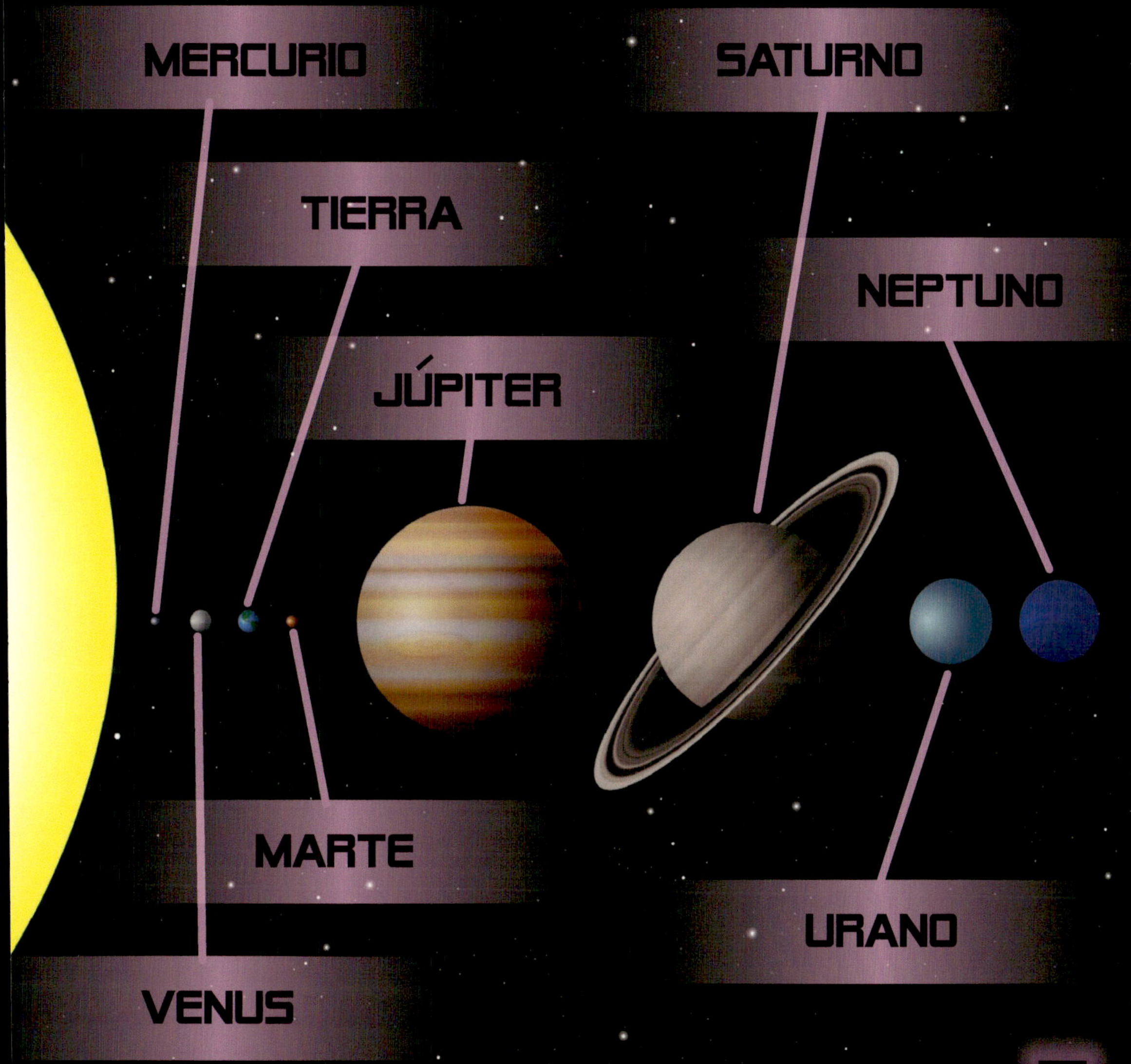

¿QUÉ ES UN PLANETA?

En 2006, un grupo de científicos definió, o explicó, lo siguiente: para que un cuerpo celeste sea un planeta, debe orbitar una estrella (girar a su alrededor) y tener el tamaño suficiente para que su propia **gravedad** le dé una forma circular.

SI QUIERES SABER MÁS

Un planeta no puede ser el satélite de otro, ya que un satélite es un objeto que orbita un planeta, como la Luna y otros objetos que orbitan la Tierra.

Un planeta debe tener suficiente gravedad para despejar los objetos de su órbita alrededor del Sol. Antes se consideraba que Plutón era un planeta, pero, al comprobar que no elimina de su órbita otros cuerpos celestes, como las rocas, ahora no se lo considera como tal.

SI QUIERES SABER MÁS

Plutón y otros cuerpos celestes grandes se llaman planetas enanos. En ciertos aspectos parecen planetas, pero no pueden limpiar de objetos sus órbitas.

PLANETAS ROCOSOS

Los cuatro planetas más cercanos al Sol se consideran "rocosos" porque son sólidos, tienen la **superficie** de roca. Mercurio, el más cercano al Sol, es el más pequeño; es menor que media Tierra. Tarda unos 88 días terrestres en realizar una órbita alrededor del Sol.

SI QUIERES SABER MÁS

Mercurio rota despacio: ¡su día equivale a unos 176 días terrestres!

Venus es el segundo planeta desde el sol. Es rocoso como Mercurio y más o menos del tamaño de la Tierra. Es el planeta más caliente de nuestro sistema solar; cerca de su superficie, ¡la **temperatura** puede llegar hasta los 900 °F (482 °C)!

SI QUIERES SABER MÁS

¡En la superficie de Venus hay montañas y **volcanes**! Y, hace mucho tiempo, pudo haber agua.

La Tierra es el tercer planeta desde el Sol. Su distancia media hasta nuestra estrella es de unos 92 **millones** de millas (150 millones de km). Hasta donde sabemos, es el único planeta del sistema solar que **alberga** vida y el único en cuya superficie hay agua.

SI QUIERES SABER MÁS

La **atmósfera** de la Tierra tiene la mezcla de gases precisa para respirar. Además, rompe casi todas las rocas espaciales antes de que choquen contra la superficie.

Marte es el cuarto planeta desde el sol. Se le llama *planeta rojo* porque en su superficie hay hierro que, al oxidarse, le da un color rojizo. Marte tiene una atmósfera delgada, incapaz de contener vida, al menos del tipo que nosotros conocemos.

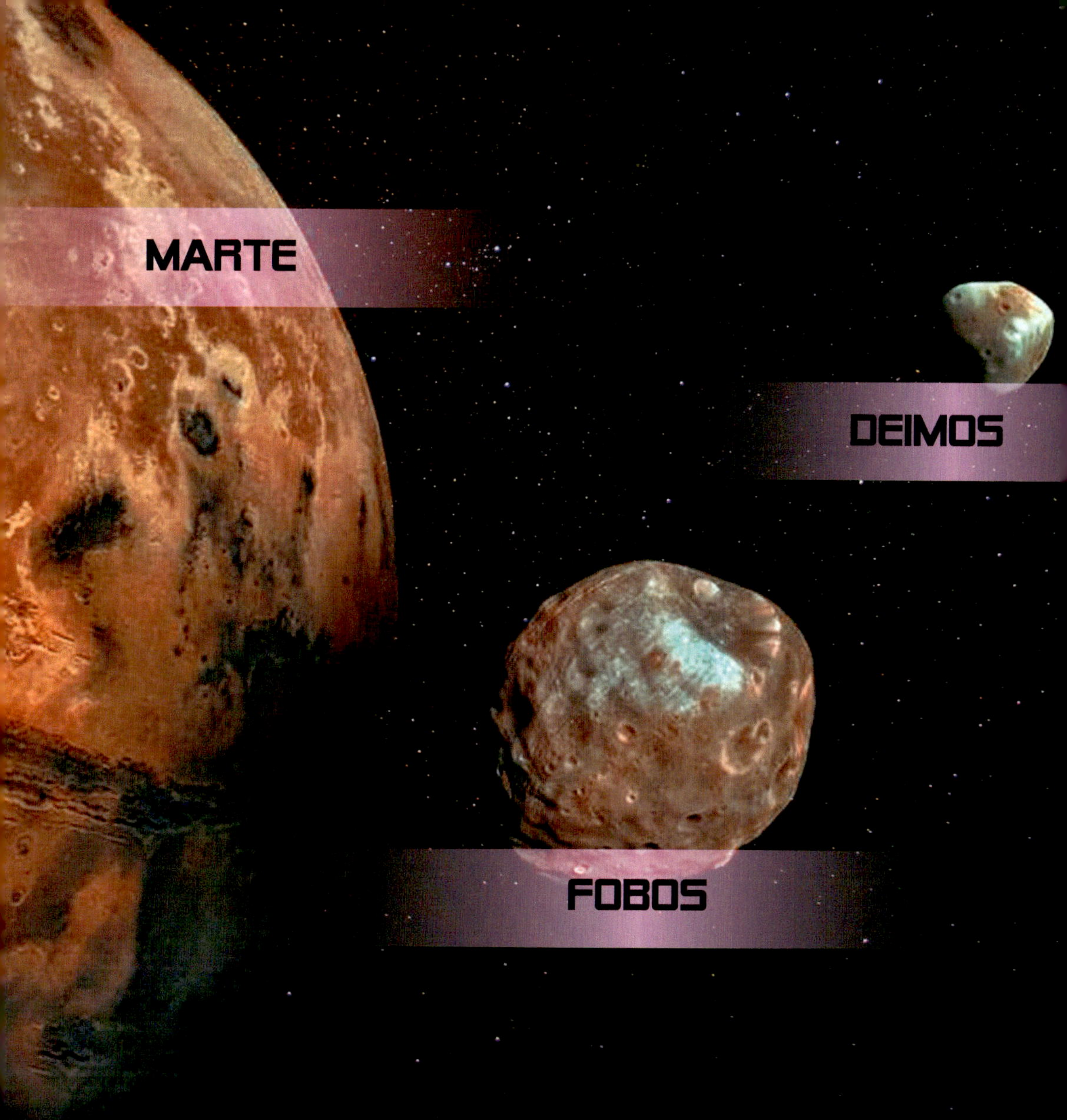

SI QUIERES SABER MÁS

Marte tiene dos lunas llamadas Fobos y Deimos.

GIGANTES GASEOSOS

Júpiter es el quinto planeta desde el sol. Se le llama *gigante gaseoso* porque su superficie no está compuesta por rocas, sino por gases, principalmente hidrógeno y helio. Sin embargo, es probable que su núcleo –su centro– sea sólido. ¡Júpiter tiene 79 lunas!

SI QUIERES SABER MÁS

Júpiter es el planeta más grande; podría contener más de 1300 tierras en su interior. La tormenta llamada Gran Mancha Roja ¡es más ancha que la Tierra!

Saturno es el sexto planeta desde el sol y el segundo en tamaño del sistema solar. Como Júpiter, es también un gigante gaseoso que consta sobre todo de hidrógeno y helio. Está rodeado por un gran sistema de anillos compuestos por hielo y polvo.

SI QUIERES SABER MÁS

¡Saturno tiene 82 lunas!
Los científicos investigan si en algunas podría haber vida.

GIGANTES HELADOS

Urano es el séptimo planeta desde el sol. ¡Un año de Urano equivale a 84 años terrestres! Su color azul proviene del gas metano de su atmósfera. Es uno de los planetas llamados *gigantes helados* porque está compuesto sobre todo de materia congelada.

SI QUIERES SABER MÁS

¡Urano rota inclinado!
Trece anillos lo rodean.

Neptuno es el planeta más alejado del Sol. Tarda 165 años terrestres en orbitar nuestra estrella. Este gigante helado es además el planeta más ventoso del sistema solar. ¡Sus vientos pueden superar las 1200 millas (1930 km) por hora!

SI QUIERES SABER MÁS

A excepción de la Tierra, los planetas tienen nombres de antiguos mitos griegos y romanos. Neptuno era el dios romano del mar.

EXPLORACIONES PLANETARIAS

Las **naves espaciales** han visitado todos los planetas del sistema solar y han aterrizado en algunos. Solo una ha visitado Urano y Neptuno; la sonda espacial Voyager 2, de la **NASA**, los sobrevoló durante su trayectoria para salir de nuestro sistema solar.

SI QUIERES SABER MÁS

Una sonda es una nave no tripulada que envía **datos** a la Tierra. La Voyager 2 despegó en 1977 y sigue viajando. ¡Lleva un mensaje por si encuentra vida inteligente!

MÁS ALLÁ DEL SISTEMA SOLAR

Los planetas que no son de nuestro sistema solar y, por lo tanto, orbitan estrellas distintas al Sol, se llaman *exoplanetas*. Gracias a telescopios, satélites y otras máquinas espaciales, se han encontrado más de 3700 exoplanetas y quizá en alguno albergue vida. ¡Aún queda mucho por descubrir!

SI QUIERES SABER MÁS

El Satélite de Sondeo de Exoplanetas en Tránsito (TESS) de la NASA busca exoplanetas, como los de arriba.

¿CUÁN LEJOS DEL SOL?

PLANETA	DISTANCIA PROMEDIO (REDONDEADA) DEL SOL
Mercurio	36,000,000 millas (58,000,000 km)
Venus	67,000,000 millas (108,000,000 km)
Tierra	93,000,000 millas (150,000,000 km)
Marte	142,000,000 millas (229,000,000 km)
Júpiter	484,000,000 millas (779,000,000 km)
Saturno	886,000,000 millas (1,427,000,000 km)
Urano	1,784,000,000 millas (2,871,000,000 km)
Neptuno	2,795,000,000 millas (4,498,000,000 km)

GLOSARIO

albergar: contener algo; servir de albergue o vivienda.

atmósfera: mezcla de gases que rodea un planeta.

datos: hechos y cifras.

gravedad: fuerza que atrae los objetos hacia el centro de un planeta o una estrella.

millón: 1,000,000; mil millares.

NASA: siglas de National Aeronautics and Space Administration (Administración Nacional de la Aeronáutica y del Espacio), parte del Gobierno de Estados Unidos a cargo del estudio y de la exploración del espacio.

nave espacial: vehículo para viajar por el espacio.

superficie: capa superior de un planeta.

telescopio: instrumento para ver más de cerca los objetos lejanos.

temperatura: qué tan caliente o frío está algo.

volcán: abertura en la superficie de un planeta por la que, a veces, fluye roca caliente y líquida.

PARA MÁS INFORMACIÓN

LIBROS

Gillespie, Katie. *Planets*. New York, NY: AV2 By Weigl, 2018.

Jankeliowitch, Anne. *Solar System*. Cambridge, MA: Barefoot Books, 2019.

SITIOS DE INTERNET

All About the Planets
spaceplace.nasa.gov/planets/en/
Aprende sobre los planetas en este divertido sitio.

What Is an Exoplanet?
spaceplace.nasa.gov/all-about-exoplanets/en/
Descubre cómo los científicos encuentran exoplanetas.

Nota del editor para educadores y padres: nuestro personal especializado ha revisado cuidadosamente estos sitios de Internet para asegurarse de que son apropiados para los estudiantes. Muchos sitios de Internet cambian con frecuencia, por lo que no podemos garantizar que posteriores contenidos que se suban a esas páginas cumplan con nuestros estándares de calidad y valor educativo. Tengan presente que se debe supervisar cuidadosamente a los estudiantes siempre que tengan acceso al Internet.

ÍNDICE